In Praise of *García's Works*

In *Dead Woman's City*, Esther García speaks Juarense, the true *pachuquismo* of Spanish and Caló. She encapsulates a terrifying truth, told defiantly. In an otherwise normal cityscape, she tells us her city's secrets and points out where to look — in potholes, abandoned bars, crooked border patrol agents, and in the shrouded mystery of the hearts of mothers who forever seek their missing daughters. Esther García speaks of her birthplace, Ciudad Juárez, unflinchingly, hauntingly. And with humor, the humor of survival, of the laughter that can only be formed when you know true grief. *Dead Woman's City* will awaken you.

— **Gris Munoz,**
author of *Coatlicue Girl*

Las páginas de *Dead Woman's City* donde Esther García plasma el doloroso ritmo de la vida son la entrada al abismo. Su maestría para encadenar palabras hace que bailen a la vista del lector en este libro de poemas-denuncia que marcan el sabor de la lectura. El cruce del río, la pasada al otro lado, los cambios de códigos, la frontera y las referencias literarias son ritos de pasaje para el lector-testigo que camina con las muertas, las desaparecidas, las mutiladas, las torturadas, las hijas que no regresaron a casa y forman ese collage sanguíneo que rebosa las fosas clandestinas. *Dead Woman's City* es un poemario que, como Virgilio, nos guía al averno.

— **Xánath Caraza,**
autora de *Corta la piel / It Pierces the Skin*

Esther M. García nos presenta en *Dead Woman's City* un poemario crudo, una denuncia sin anestesia. Los poemas de esta obra son fotografías grises que retratan la violencia y desesperanza reinante en la frontera mexicana con Estados Unidos. Empleando un lenguaje necesariamente coloquial, calculado, salpicado de espanglish, la poeta traza en el plano de la ciudad un verdadero infierno, sobre todo para para la mujer, de silencio, de huesos al aire, tufo a cadáver, cuerpos mutilados en lotes baldíos.

— **Gabriel González Núñez,**
autor de *ese golpe de luz*

DEAD WOMAN'S CITY

poems by

Esther M. García

FlowerSong Press

ISBN: 978-1-953447-88-3
Library of Congress Control Number: 2021934599

Published by FlowerSong Press
in the United States of America.
www.flowersongpress.com

Cover design by Matthew Revert
www.matthewrevert.com
Cover image credit: Henrik Uldalen, 158 Fade
Set in Adobe Garamond Pro

Una avenida solitaria en la desértica Ciudad.
Una mujer aparece caminando, llena de angustia
espera el camión en el que regresará a su casa.
Viene de trabajar en el segundo turno de la fábrica.

— Perla De la Rosa

Mis padres y mis hermanos de mi se están acordando
Ay, qué destino, para sentarme a llorar.

— Cadetes de Linares

La frontera es mi Beatriz

Lasciate ogne speranza, voi ch'intrate.

— **Dante Alighieri**, *El Infierno*

I.

La ciudad desierta

Welcome to La suave patria
To Dead Woman's City only
Chaval o paisa cruza el bordo
hasta la rue morgue avenue

Canta un blues rabioso
junto a Bob Dylan
debajo de las estrellas
que se incendian funestas
en el cielo de El Paso

Admira en silencio
como las luces y las rocas
que cimentan esta ciudad
se desmoronan

La noche es un animal
de piel neón en Dead
Woman's City
El infierno se desliza ebrio
sobre el metal de la noche
y el silencio acostumbrado
de grillos de la maquila

La Juárez is dead
toma el siguiente taxi

y dile al bato que te bajas en
el callejón Sucre, frente a
la puerta del Monalisa

Hemingway y José Agustín
te darán de beber birria fresca
ofréceles un dólar como pago
de peaje para cruzar el Aqueronte
considérate feliz si lograste
cruzar a Río Grande

No se aparte tu vista de
la división de la frontera
o contemplarás la geometría
de la herrumbre
la negritud del silencio
que florece en la espina

II.

La frontera / El chuco

Both sides keeping a close eye
for a break in the line

Bato
parquea tu troca cerca
de la negra franja gringa
Wacha como todos los paisas
hasta el ilegal y el green card
se vuelven ceniza y humo
ante el calor de la frontera

Tus pies serán fósforos que
dejarán la estela de sus pasos
en las tierras del chivo

Wachaut
Wachaut

Un montón de whitetrash andarán tras de ti
serán legión y se llamarán La migra

Dice el gringo:
Do you have anything to declare?

Diles que no, que sólo llevas en
tu back pack lonshe de colita de pavo
burritos y un oshito que nunca podrán
encontrar escondido entre la fayuca

La frontera es una luciérnaga que bate sus alas
por la noche mientras del albo resplandor
del Cristo Rey en Sundland Park
emergen coloridas figuras de cholos
y pachucos que van danzando
un blues del viejo Tin Tan

Aquí empieza en altos la canción
que los paseños tienen para ti visitante de Wonderland
la comida rápida y los saldos en los malls

At the end of a rainbow, you'll find a pot of gold;
At the end of a story, you'll find it's all been told

Cruza la frontera tantas veces como puedas
Espera a que el calor de la fila deshaga
tus huesos
tus vísceras
tu cordura
mientras Earl Grant sigue cantando
y el arcoiris de esta tierra mágica
te sigue consumiendo

Mira a tus vecinos de la fila
Mira sus rostros deshacerse
Mira que las manecillas en el reloj
avanzan avanzan y avanzan
y tú sigues sin moverte

Miras hacia el norte
el ilegal hace fila con los coyotes
mientras William Carlos Williams
observa (escucha) a diez mil gorriones
cruzar el desierto

Miras hacia el sur
el citizen espera en su ranfla
a que la fila avance

Miras hacia el oeste
Marilyn Monroe y Amelia Earhart
conversan y ríen mientras sus hermosos
rostros blancos se deshacen

Miras hacia el este
Hannibal Lecter y Jack The ripper
te observan y se lamen los dientes

oh, god
oh, babe
oh, brother

Las cosas se están poniendo hardcore
y la fila no avanza
La canción está por terminarse
y la fila no avanza

At the end of a river, the water stops its flow
At the end of a highway, there's no place you can go

El chuco es el telón de fondo
en donde los chavalillos se enfrentan
cuerpo contra fusca
versus la migra
y uno sabe bien quién ganará

Los border patrol danzarán en torno tuyo
no tienes escapatoria si no presentas
quieto y papel en mano la green card la forma 13
y aún así los gringos escupirán
Fuck off you fucking brownie mexican

En la línea de la frontera siempre quedará inerte
el cuerpo de un chavalito
de quince veinte o treinta años

El chuco nunca se conduele
la migra y los border patrol tampoco
porque la basura morena se recoge
y es fácil de apilar
en un contenedor

III.
Los arenales

Pélate mejor al chuco, carnal
porque aquí no habrá
ningún Virgilio que te guíe

Los rarámuris en fila
blandirán baquetas de hueso al aire
y el sonido áspero y grave de sus tambores
será lo único que acompañe en el desierto
a tus solitarios pasos

La poeta llamada por los placas
la lesbiana
la alcohólica
la puta de los desiertos
está crucificada en Samalayuca

Rosas del empíreo son sus
mutilados senos y de su
colgante carne comen
negrísimos cuervos

45 grados de descomposición
el sol la sal la sed

el cuerpo desnudo
y quemado de tu hija
yace debajo del arenal
que tus zapatos pisan

Wachaut   ese
Wachaut

Verás en el horizonte kilómetros
de dunas de fina arena blanca

Buscas agua y encuentras pura piedra
Nacaradas con picos en forma de pétalos
flores de arena rosas del desierto

Haces un pozo y entierras una semilla
Haces una fosa y entierras un cadáver
65 años le cuesta a la naturaleza formar
una pétrea flor y a un humano
le cuesta un par de minutos
navajearte los senos arrancarte un pezón

¿Qué muertas engendra la tierra?

Se cosechan mujeres debajo
del aullido del lobo, el quejido
del coyote los bramidos del bisonte

¿Qué eco reverberará desde la tumba?

Eclosionan los níveos huesos
de las jainas devoradas por el desierto
Serpientes de cascabel nacen de lo que fue su antigua carne

Habrán piedras flores
huesos y dientes que
querrán hablarte pero alguien tendrá su ojo puesto en ti

Wachaut   ese
Wachaut

Al tiro con la chota
ese
Al tiro con los chihuahuitas
ese
Al tiro con los juaritas
ese
Pero más que nada nadita
Al tiro con los pinches gringos
ese

IV.
Río Bravo / Río Grande / πάντα ρεῖ

Esto es agua
la guerra el tufo los cadáveres
colgando en los árboles florecidos

Esto es agua
la misma agua
por la que embarcó Nadie
regreso a Ítaca

La misma agua por donde
surcó el hermoso cabello
rojo de Ofelia

La misma agua en donde
Virginia Woolf se hundió
como una piedra

"Esto es agua"
dijo Alfonsina ansiando
la poderosa mano de su
cólera tremenda

Esto es agua
muerte por agua
el río Flegetonte
el asesino líquido
debajo del armazón
del ballenero Pequod

Esto es agua
una ballena blanca
los salvajes caballos
que forman los surcos
de un viejo rostro

Esto es agua
¿Qué muertas hay en
el Bravo en el Grande?

Esto es agua
¿Qué hablan sus voces de
algas y conchas rojizas
nacaradas?

Esto es agua
¿Qué extrañan sus cuerpos
hinchados amoratados
azulosos de recuerdos viejos?

Esto es agua
¿Qué les duele?

Esto es agua
But we don't
give a fuck

Esto es agua
a border ballad of death
a desolation row
en la cerúlea voz
de Bob Dylan

Esto es agua
y los paseños y gringos
odian reflejarse en ella

Ven un óvalo un círculo
una línea paralela entrecruzada
pero jamás su rostro

Ven un cuerpo inerte
en el fondo del río
una mujer o un hombre
o su hija o su hermano
o ella o él mismo
pero ya no importa

Por la TV están pasando
el show de Niko Liko
hay que acantonarse

El río y sus muertes
pueden esperar

V.
Maquila town

Hubo algo que comenzó
a hundir la City
Hubo algo que la llenó
de ceniza y humo

Tinieblas y rojo neón
emergen de su metálico
cuerpo y sus naves de ensamblaje

El aire se llena del murmullo
de los grillos los moyotes
y la maquinaria industrial

Huele a podredumbre y mierda
le dicen la maquila

La maquila es una araña de metal
que devora a sus hijas
que esperan una tras otra
en las largas hileras
de la línea en turno

Las morras en la línea

ríen porque nunca supieron
cómo aprender a llorar

A sus hijas se les llama
maquileras
maquilocas
maquiputas
y la gente las señala
con su índice cuando
entran al bar

¿Qué hace una alabastrina
en el Hawaian Club
en el Malibú o
La Mariscal después del
segundo turno?

¿Qué quiere ahí una obrera
a single mom a fucking milf?

¿Dónde están sus hijos
Where is el marido?

Suena la campana y
comienza el primer turno
apretar tornillos prensar acomodar

El segundo turno pintar acabar pulir
abrillantar el metal y empaquetarlo

empaquetarlo y volver a empaquetar

Mover la mercancía terminada
la mercancía defectuosa y que se apila
por montones en una bodega
de cadavéricas paredes

Agacharse y estirarse diez mil veces
cada día a cada hora
Arrastrar y dolerse el cuello
la espalda las manos los pies

Un error de milésima de segundo
en el prensado y perderás una mano o el brazo
y te etiquetarán con la palabra Inválida /Invalid

Te darán cien dólar de indemnización
y agradecerán lo mucho que te esforzaste
por esa gran madre que te dio
trabajo y qué comer

VI.

La rutera

Mexican grease maneja la rutera
el caballo del diablo
los veinte perros de Acteón
que atraviesan la City

There's a lot of dust por la house ese
en la hora más oscura camino
a tu cantón renombrarás los pueblos
vacíos hasta el puente negro

Camino al chante trepado en la ruta
verás los cuerpos que se arrastran
sobre las carbonizadas piedras

Verás los cerros regados de troncos rojizos
dándote la bienvenida a Chaveña Park

Verás las cabezas cortadas de cuyos
labios entreabiertos emerge un rayo
sólido entre dientes de leche

La muerte brilla en cuerpo metálico
y tiene su style

Dentro las luces neón
los flequillos a colores
virgencitas marías y
dados de peluche y
también un pequeño altar
al Baby Yisus
con frases cursis de amor

La gente on board viaja
hacia La Futurama o La Liber
puede que busquen mujeres jóvenes
en la B Hermanos de la 16 de septiembre
o roben secuestren violen mujeres en los malls

This is la flota
american garbage
con leyendas incrustadas
Please keep your seatbelts on

Recuerda greasy mexican
This unit may be recorded

VII.
El muro

Un muro puede estar hecho
de cualquier cosa
palabras ropa huesos piel
vísceras cabello zapatos roídos
Setecientas mujeres y sus restos
unidas mano con mano
y pie con pie con silicón

Un muro no habla
sólo representa

Es una línea que divide y
como una víbora acecha
para tirar el mordisco

Un muro es lo sagrado
que maldice en silencio
y su nombre es guerra

Un muro son los encabezados
o el balazo de la nota roja de prensa
Agente de migración asesinó a pasamojados
en el río Bravo

Aparece otra muerta en Lomas de Poleo
le dieron pura bala fría

Torre de Babel hecha
con pedazos de hojas Scribe
grafittis miembros amputados
trozos de cabellos de alguna niña
ojos sacados de su órbita
láminas de uñas de distintos tamaños
y algunos dientes sin identificar

Un muro es el protocolo de desaparición
forzada y también las palabras de los
familiares de la víctima versus la policía

En el muro entre la City y el Chuco
hay miles de palabras puestas
en collage por medio de chinchetas

Cuerpo mutilado andaba de cuzca
lesión dental tortura los acantonados en Fort Bliss
Ella quería coshar por eso cortaron la mano
tenía 17 años cabello largo negro
tez morena a morena clara decía el forense
medía 1.65 metros la DEA obrera maquilera
mamá soltera las uñas rojas la boca roja
pintadas de rojo tres hijos ¿traía falda?
75 por ciento de los habitantes de El Paso
son mexicanos o de origen mexicano

estaba enmaletada Marisela Escobedo Ortiz
En la City hay 1.800 asesinatos en el Chuco uno
divorciada ¿tenía novio? Sólo tenía la secundaria
Violación multitudinaria por ano y vagina
Abdel Latif Sharif ¡Visite Ciudad Juárez!
Ni una más Recuerdo de Ciudad Juárez
Susana Chávez Zapaterías del centro apuñalada
cuello fracturado manos atadas con cinto
cercenado el seno derecho arrancado pezón izquierdo
cabello ondulado ojos cafés labios llenos se parecía a
Selena pistas falsas sicarios el cártel *I could fall in love with you*
¿Traía zapatos de tacón alto? ¿Usaba escotes?
Sergio Adrián Hernández Güereca
Quiero denunciar una desaparición
mi hija mi hija ¿dónde está mi hija?
repito ¿Tenía novio? ¿Alguien la pretendía?

VIII.
Lote baldío

Siete cruces rosas en la zona del silencio
Siete llantas negras partes de autos
el parquero auto clean center pa'la troca
y luego irte de ride hasta el cantón

Siete cruces rosas en primer plano
y detrás el Yonke el amigazo
la people que camina entre la grava
evitando toparse con el quemado cuerpo
que ven de reojo a lo lejos
mientras van emocionados a escuchar
al nuevo clon del JuanGa

Te diría que fuéramos al Noa Noa a bailar
pero debes saber que fue incendiado
sólo hay un lote baldío

No
ahora dicen que es un parking
Qué triste
So sad

Sólos nos queda La Yuri

y Tiresias transexual para pasar
una noche en La Mariscal

Afuera en las calles vacías
llenas de vidrios rotos y letreros inútiles
que cuelgan de abandonados locales
brillan solitarias bajo las luces neón
las siete cruces rosas que anuncian
el fin del mundo y las fosas
que quedarán en su lugar

PRIMERA FOSA
LOMAS DE POLEO 1ER SECTOR

Bato
He aquí las sobras de tu hija
aquella cuyos pequeños dedos
apretaron tu índice en el primer
suspiro y ahora no hay carne ni
hueso de dónde asirse

Segunda Fosa
Lomas de Poleo 2do sector

No hay agua ni luz
cagan en un agujero

Cercaron el cuerpo de tierra
y las agusanadas casas
con alambre de púas

Un cerdo intentó hablar
pero la chota lo molió
con chingos de patadas

El perro aquel intentó ladrarles
pero con una bala de goma
le desprendieron el hocico

Tercera Fosa
Puente negro

Avienta piedras
El eco de sus gritos
resuena en la pared del muro

i'm not you fucking beaner
i'm not your wetback

El border patrol lo oye
pone el ojo en la mirilla
y una cabeza de quince años
explota

Cuarta Fosa
El Border Highway

El pollero contrata a un hombre corpulento
para amarrar una soga al futuro indocumentado

Este escala los techos del puente peatonal
y se deja caer mientras
el corpulento
va soltando la soga poco a poco

Una vez sobre la Border Highway
el indocumentado se suelta de la soga
El corpulento la enreda en su brazo
y regresa a la City

A veces el indocumentado es dejado
a su suerte y es devorado por los perros

Quinta Fosa
Lomas del Valle

En el hueco de cemento y tierra
entre Valle de Zonda y Valle Río Frío
el hombre después de unas birrias
le arranca a mordidas parte del labio
y pómulo a su esposa

Es de noche una y otra vez

El neón rojo gira estroboscópico

Ella vuelve a gritar
y a negarle el beso de buenas noches

Él vuelve a eructar la noche
la muerde la muerde
sus ojos se regodean en la sangre

Sexta Fosa
Colonia Francisco Sarabia

Ashes to ashes is shaped to love

Tanto polvo enamorado
confundiéndose con la polvareda
que entra a la pequeña casa

Ahí ella se consume, colilla de cigarro
grita en alarido ¡Sálvenlos, sálvenlos!

Mientras ella arde y sus pequeños hijos
contemplan el fuego en que ella se extingue

IX.
THE BODY/ EL CUERPO

Decir frontera
como decir ciudad
diciendo mujer,
una mujer dividida
cuyo cuerpo no le pertenece,
cuyo cuerpo es transitado
por manos que caen
sobre los caminos, los ríos
y los surcos de su vientre.

This is the Far West
esta es tu tierra, Nadie.

No te dan quebrada los bolillos
en el chuco, jaina, porque
la piel de tu cuerpo es prieta
y el rubio de tu pelo es de
falso terciopelo, aunque
finjas ante ellos llamarte Margarete.

Querida waifa tu cuerpo no es tu cuerpo
sustantivo masculino que te usa
como moneda de cambio y

trabajo forzado en la maquila

La frontera y la ciudad te nombran,
la violación de sus calles y perímetros
y su respiración de animal enfermo
dan forma, waifa mía, a tu lugar en el mundo

En el parque Borunda
tirado, desnudo, sin una mano
a la vista de los transeúntes y los niños
Está tu cuerpo

En el bar La cucaracha
el primer bar, o el último, de México
depende si vas o sales del puente
Está tu cuerpo

En el mall, en el puente Santa Fe
en la enorme cruz rosa
Está tu cuerpo

En el salón México, en las calles
llenas de mierda y basura gringa
Está tu cuerpo

En la barra del Club 15, entre las
bancas de la iglesia del Sacred Heart
Está tu cuerpo

En el parque Borunda
tirado, desnudo, sin una mano
a la vista de los transeúntes y los niños
Está tu cuerpo

En el bar La cucaracha
el primer bar, o el último, de México
depende si vas o sales del puente
Está tu cuerpo

En el mall, en el puente Santa Fe
en la enorme cruz rosa
Está tu cuerpo

En el salón México, en las calles
llenas de mierda y basura gringa
Está tu cuerpo

En la barra del Club 15, entre las
bancas de la iglesia del Sacred Heart
Está tu cuerpo

Mutilado, inservible, carne para perro
muñeco de trapo con el que juegan
entre la polvareda los morros
y se escucha de fondo el cold industrial noise
está tu cuerpo
al que nombramos frontera,
mujer, para decir ciudad.

Escenas fronterizas

Es la frontera, *brother*, la traigo tatuada en el brazo;
la frontera, *baby*, la llevo atravesada en el pescuezo;
la frontera, *míster*, se me ha metido en el corazón
y ahí está clavada.

— **Luis Humberto Crosthwaite**

Imagina a Octavio Paz
navegando en un mandril
por las negras aguas del chuco

Cinco tragos de sotol son suficientes
para convertir a una efigie
en un simple mono

mono gramático
mono poético
mono obrero
Hanuman entre los cholos del barrio

A lo lejos Octavio copula con el mandril
él es el mandril
el mono que mama su propia verga
mientras torsos rojizos de quinceañeras
navegan silenciosos a su lado

El Jhonny camellaba para sus carnales en la chaveña
Comía burritos del Crisostomo o del Tony's y
se desplazaba por la Avenida Triunfo de la República
serpenteando los carros   guachando que las trocas
que van a rajamadres   no le metieran otro putazo

En verano de 1995 a Jhonny le amputaron la pierna
Un gringo se lo llevó de encuentro con su Impala
mientras Jhonny cruzaba la calle
cargando la maleta de un hombre corpulento

En el suelo   Jhonny escuchaba al gringo
putearlo en incomprensible inglés
Jhonny veía el cielo   su lejano azul
como la pupila del gringo que se alejaba
para dejarlo a su suerte

Esta es la historia de la obrera
que en vez de alma
tenía una fábrica vacía

Érase una vez una juarita
cuya sonrisa era la estela en la arena
del arrastrar de un ahogado

El hambre venía a visitarla
como un perro sarnoso
bajo la lluvia
y ella temblaba al escuchar
su sonido babeante
retumbando en la puerta

Y ella reía y lloraba de miedo

y veía a sus hijos
y se secaba las lágrimas
estirándose el cabello
mientras el perro aguardaba afuera
haciéndose cada día
un poco más grande
Ernesto comía carne recalentada
en el receso del turno
cuando pensó en suicidarse

Veía el toper dar vueltas
en el plato de cristal
del microondas Whirpool

Entonces sucedió la polvareda en su cabeza
Se veía lanzándose desde la tercer planta
de la nave de ensamble.

Ernesto contemplaba en cámara lenta
cómo su cuerpo caía
cómo las manos del aire acariciaban su cabello
arrancaban sus botas de seguridad
y el casco que siempre odió ponerse
caía al suelo partiéndose en dos

Suena el silbato del turno y
Ernesto guarda su toper
y se dispone a trabajar
La poesía cabe en una lata de conserva

El poema viene enlatado y esterilizado
en una botella a rojo y blanco
de la marca Campbell's

El poema enlatado es un bicho que necesita
mantenerse en un lugar seco
lejos del sol

Un bicho poemático que hay que refrigerar
después de abrir

El poema contiene sorbitol aditivos aceite vegetal
maltodextrima   azúcar y trazos de soya y nueces

Para consumir el poema sólo abres la lata
calientas el contenido y puedes comer

Cucharada tras cucharada comerás el poema
que se hará una masa densa de mierda
aglutinándose en tu estómago
obtruyendo tus intestinos

Pero si no lo terminas de comer
no te preocupes
puedes almacenar el sobrante de tu poema
durante tres días

Recuérdalo
Sólo tres

Vine con los batos para pasar la
Happy hour en *La cucaracha*

Domitilo el dueño dice que
algunos potages etílicos
pueden ser detrimental para la salud
Escupe cuando habla
y retiembla su cavernosa voz
atrapada en el tufo de los años 50
y las puterías gays que antes gozaba
bien vestido en la gloria de su bar

Ahora todo es un basural
montañas de discos de vinilo rayados
recortes de revistas pegados con cinta
por las paredes rayoneadas

Habla solo en una esquina
iluminado por la mortecina luz
en la que brilla un hilo de baba
colgándole de la boca

Hoy el diablo estaba planchando en la City
y los chavalos sacaron birrias frías
del cantón

Me trepé al mueble para llegar rápido
y tupirle duro a las heladas
pero pinches batos, como siempre,
les faltó un dieciséis

Me gritaron los cucos
¡Qiubo, primo, vámonos al chuco!
Pero esos carnales,
son bien fanes,
paisa

Mejor voy a darle
una chainola a mis calcos
para darle su buenos días
a la jaina

Un poema juarita a varias voces

Nadie sabía nada del muerto,
salvo que venía de la frontera.

— **Jorge Luis Borges**

Vine a Dead Woman's City
porque me dijeron que acá
podría encontrar a mi hija

Shile Shilaca a osho oshenta

Las mujeres de mi familia
mueren esperando

Madre no quiere reconocer
que ese cuerpo quemado
que le entregaron
es el mío

De raid hasta la chante con la ruca
que me acabo de volar, ese

A mi hermana le cortaron
una mano y le pusieron cinta
canela en toda la cabeza

¿la has visto?
La estoy buscando
Guáchate esa jaina carnal

No quiero parecerme a mi madre
mi madre me da asco

Me llamo Susana Chávez
y me asfixiaron con una
bolsa negra para basura

Everything happens at
the Kentucky Bar

Las mujeres en la city somos
un pueblo fantasma

Vine caminando desde Casas Grandes
hasta la city

¿Han visto a mi madre?

¿El chante? Acá cantoneamos
pa' este laredo

Dicen que mi hija salió
a tomar la rutera
Nunca volvió

We reserve the right to admission

Estábamos en la prensa
y ella no sacó la mano
me saltó toda la sangre

No cholos
No chundos
No negros
No mujeres

Dejaron su cuerpecito
cruzando el bordo
casi llegando al chuco

Acá los pochos
Allá los greasers

Para una mujer
es un acto de heroísmo
salir a la calle
y regresar viva a casa

Ai te güacho carnal
luego vamos por la chaira

Me dieron un tiro en la sien
frente al palacio municipal
a mi hija la hicieron
comida para cerdos

Were momen morra
vamos a darte báscula
en la Juárez

www.ingramcontent.com/pod-product-compliance
Lightning Source LLC
Chambersburg PA
CBHW021745190726
48288CB00009B/3166
* 9 7 8 1 9 5 3 4 4 7 8 8 3 *